Le collier magique

Pour Göran : Oändligt är vårt äventyr. S.F.

Pour Suzanne Nepveu, madame Idélire,
qui partage avec tant de générosité
ses perles magiques.   G.C.

Catalogage avant publication de Bibliothèque et Archives
nationales du Québec et Bibliothèque et Archives Canada

Nielsen-Fernlund, Susin, 1964-

[Magic beads. Français]

Le collier magique

Traduction de : The magic beads.
Pour enfants de 3 ans et plus.

ISBN 978-2-89512-793-2

I. Côté, Geneviève, 1964-   . II. Germain, Catherine,
1944-   . III. Titre. IV. Titre: Magic beads. Français.

PS8577.I37M3514 2009   jC813'.54   C2009-941154-7
PS9577.I37M3514 2009

Le collier magique
© Texte : Susin Nielsen-Fernlund ;
illustrations : Geneviève Côté
Première publication : Simply Read Books, Vancouver, B.C.
Version française
© Les Éditions Héritage inc. 2009
Tous droits réservés
Traduction : Catherine Germain
Révision : Claudine Vivier
Correction : Anne-Marie Théorêt
Dépôt légal : 3e trimestre 2009
Bibliothèque et Archives du Québec
Bibliothèque nationale du Canada

DOMINIQUE ET COMPAGNIE
300, rue Arran, Saint-Lambert (Québec) J4R 1K5
Téléphone : 514 875-0327; télécopieur : 450 672-5448
Courriel : dominiqueetcompagnie@editionsheritage.com
www.dominiqueetcompagnie.com

Imprimé en Malaisie

Nous remercions le Conseil des Arts du Canada de l'aide
accordée à notre programme de publication.

Nous reconnaissons l'aide financière du gouvernement
du Canada par l'entremise du Programme d'aide au
développement de l'industrie de l'édition (PADIÉ) pour
nos activités d'édition.

Nous reconnaissons l'aide financière du gouvernement du
Québec par l'entremise du Programme de crédit d'impôt
pour l'édition de livres — SODEC — et du Programme d'aide
aux entreprises du livre et de l'édition spécialisée.

Le collier magique

Texte de Susin Nielsen-Fernlund
Illustrations de Geneviève Côté

Traduit de l'anglais (Canada) par Catherine Germain

Dominique et compagnie

C'était le premier jour de Lili en deuxième année.
Son premier jour dans cette nouvelle école,
dans cette nouvelle ville.

Elle avait le trac… et une nuée de papillons voltigeaient
dans son estomac !

« Bienvenue, Lili ! » dit Mme Garcia, la maîtresse.
« Je crois que tu te plairas avec nous ! »
Elle expliqua à Lili tout ce que faisaient les élèves en classe
et elle ajouta :
« Chaque jour, nous avons une activité spéciale :
UN OBJET — UNE HISTOIRE.
Ce sera ton tour vendredi ! »

Dans le ventre de Lili, les papillons
se changèrent en SAUTERELLES !

Le mardi, Fanny apporta une poupée qui parle,
qui marche et qui fait pipi.

Kwame, lui, présenta sa nouvelle trottinette.
Et Mme Garcia lui permit de l'essayer dans la classe
pour montrer comment s'en servir.

Alors, dans l'estomac de Lili, les sauterelles se changèrent en LAPINS !

Après l'école, Lili rentra chez elle. Mais
ce n'était pas vraiment chez elle. C'était
un centre d'hébergement. Lili et sa maman
occupaient une grande chambre dans une
grande maison où habitaient plusieurs familles.
Les préposées étaient gentilles, mais il était
interdit d'ouvrir le frigo entre les repas.
Et le garçon qui habitait au bout du couloir
ne rabattait jamais le siège des toilettes !

Le mercredi, Fred apporta
une navette spatiale entièrement
construite en Lego. Yuko montra
un chien-robot qui jappe quand
on frappe dans ses mains. Et tous
les enfants voulurent le faire japper
à tour de rôle.

Les lapins se changèrent en ÂNES
dans le ventre de Lili !

Ce soir-là, les préposées du centre servirent de la lasagne au souper.
Elle était bonne, cette lasagne, mais pas aussi bonne que celle de son père.

Son père lui manquait parfois.
Lili et sa mère avaient dû se
réfugier au centre à cause de
ses sautes d'humeur. Il lui
arrivait de frapper sa mère et
de lui faire mal. Elles avaient
tout laissé à la maison.
Même les jouets de Lili.

« Pourquoi n'apportes-tu pas un des jouets du centre ? » demanda maman en enlevant sa blouse d'infirmière.

« Ils n'ont que des jouets de bébé, ici ! protesta Lili. Je ne veux pas avoir l'air d'un bébé ! S'il te plaît, maman, achète-moi un jouet ! »

Sa mère lui caressa les cheveux : « Ce n'est pas possible, ma Lili ! J'économise chaque sou pour pouvoir louer un appartement. Tu le sais bien ! »

Ce soir-là, Lili ne put voir son émission
préférée à la télévision. Arrivé avant
elle, le garçon du bout du couloir
regardait un reportage sur les voitures.

Le jeudi, Boris montra sa collection de figurines. Tous ses héros.

Et Marie apporta un coussin qui pète ! Mme Garcia fit semblant de rien avant de s'asseoir dessus.

Alors les ânes se changèrent
en BISONS !

« J'ai trouvé un appartement ! annonça maman
ce soir-là. On devrait pouvoir déménager
à la fin du mois. »

Quand sa mère eut le dos tourné, Lili lui tira
la langue.

Lili en voulait parfois à sa mère de l'avoir amenée ici. À la maison, ils avaient une télévision à eux, plein de vêtements, et des jouets. Quand son papa était de bonne humeur, il lui chatouillait la plante des pieds et l'appelait « ma belle Lili ».

Lili n'aimait pas se rappeler les colères de son père.
Mais de temps en temps, elle ne pouvait pas
s'en empêcher.

Et elle savait alors pourquoi sa mère
l'avait emmenée avec elle.

Le vendredi matin, les bisons tournaient
en rond dans son ventre.

« C'est l'heure de notre activité UN OBJET —
UNE HISTOIRE, dit Mme Garcia.
À toi de commencer, Lili. »

Lili s'avança au milieu de la classe,
les yeux fixés sur ses souliers.

« Lili ? » dit doucement Mme Garcia.

« Je n'ai pas de jouet, dit calmement Lili,
mais j'ai un collier magique. »

Elle retira de son cou son rang de perles en
plastique. Fred se mit à ricaner. Lili s'éclaircit
la voix…

« Voici, ce collier se transforme
parfois en laisse et je peux emmener
mon éléphant en promenade. »

« S'il y a un monstre dans le placard de ma chambre, mon collier se change en serpent-dévoreur-de-monstres. »

« Quand je rencontre un méchant sorcier,
mon collier devient baguette magique et
je peux lui jeter un sort. »

« Et ce collier se transforme
en fil de funambule lorsque
je joue au cirque. »

Lili se tut.

La classe resta silencieuse.

Puis, toutes les mains se levèrent en même temps.

« Où l'as-tu acheté ? » demanda Kwame.

« Est-ce que je pourrais en avoir un, moi aussi ? » demanda Yuko.

Fred avait une idée :

« Tu pourrais aussi en faire un cercle magique et te placer au centre. Comme si c'était une machine à voyager dans le temps qui pouvait te projeter dans l'avenir. »

« Ou encore te faire remonter le temps jusqu'aux anciens Égyptiens ! » ajouta Fanny.

La cloche sonna et Marie s'approcha :

« J'ai un beau ruban violet à la maison, dit-elle. Est-ce qu'il pourrait être magique, lui aussi ? »

« Bien sûr ! » répondit Lili.

« Si je l'apporte demain, voudras-tu jouer avec moi ? »

« D'accord ! » fit Lili avec un sourire.

Quand Lili rentra de l'école, ce jour-là, les papillons, les sauterelles, les lapins, les ânes et les bisons avaient...

tous...

DISPARU !

fin